First Picture Dictionary
Animals
Prvi slikovni rječnik
Životinje

Pig
Svinja

Butterfly
Leptir

Fox
Lisica

Rabbit
Zec

Illustrated by Anna Ivanir

www.kidkiddos.com
Copyright ©2025 by KidKiddos Books Ltd.
support@kidkiddos.com

All rights reserved. No part of this book may be reproduced in any form or by any electronic or mechanical means, including information storage and retrieval systems, without written permission from the publisher, except in the case of a reviewer, who may quote brief passages embodied in critical articles or in a review.
First edition, 2025

Library and Archives Canada Cataloguing in Publication
First Picture Dictionary – Animals (English Croatian Bilingual edition)
ISBN: 978-1-83416-492-2 paperback
ISBN: 978-1-83416-493-9 hardcover
ISBN: 978-1-83416-491-5 eBook

Wild Animals
Divlje životinje

Lion
Lav

Tiger
Tigar

Giraffe
Žirafa

✦ A giraffe is the tallest animal on land.
✦ *Žirafa je najviša životinja na kopnu.*

Elephant
Slon

Monkey
Majmun

Wild Animals
Divlje životinje

Hippopotamus
Nilski konj

Panda
Panda

Fox
Lisica

Rhino
Nosorog

Deer
Jelen

Moose
Los

Wolf
Vuk

✦ A moose is a great swimmer and can dive underwater to eat plants!

✦ *Los je odličan plivač i može zaroniti pod vodu da jede biljke!*

Squirrel
Vjeverica

Koala
Koala

✦ A squirrel hides nuts for winter, but sometimes forgets where it put them!

✦ *Vjeverica sakrije orahe za zimu, ali ponekad zaboravi gdje ih je stavila!*

Gorilla
Gorila

Pets
Kućni ljubimci

Canary
Kanarinac

Guinea Pig
Morsko prase

✦ *A frog can breathe through its skin as well as its lungs!*
✦ *Žaba može disati i kožom i plućima!*

Frog
Žaba

Hamster
Hrčak

Goldfish
Zlatna riba

Dog
Pas

✦ *Some parrots can copy words and even laugh like a human!*
✦ *Neke papige mogu ponavljati riječi pa čak i smijati se kao ljudi!*

Parrot
Papiga

Cat
Mačka

Animals at the Farm
Životinje na farmi

Cow
Krava

Chicken
Kokoš

Duck
Patka

Sheep
Ovca

Horse
Konj

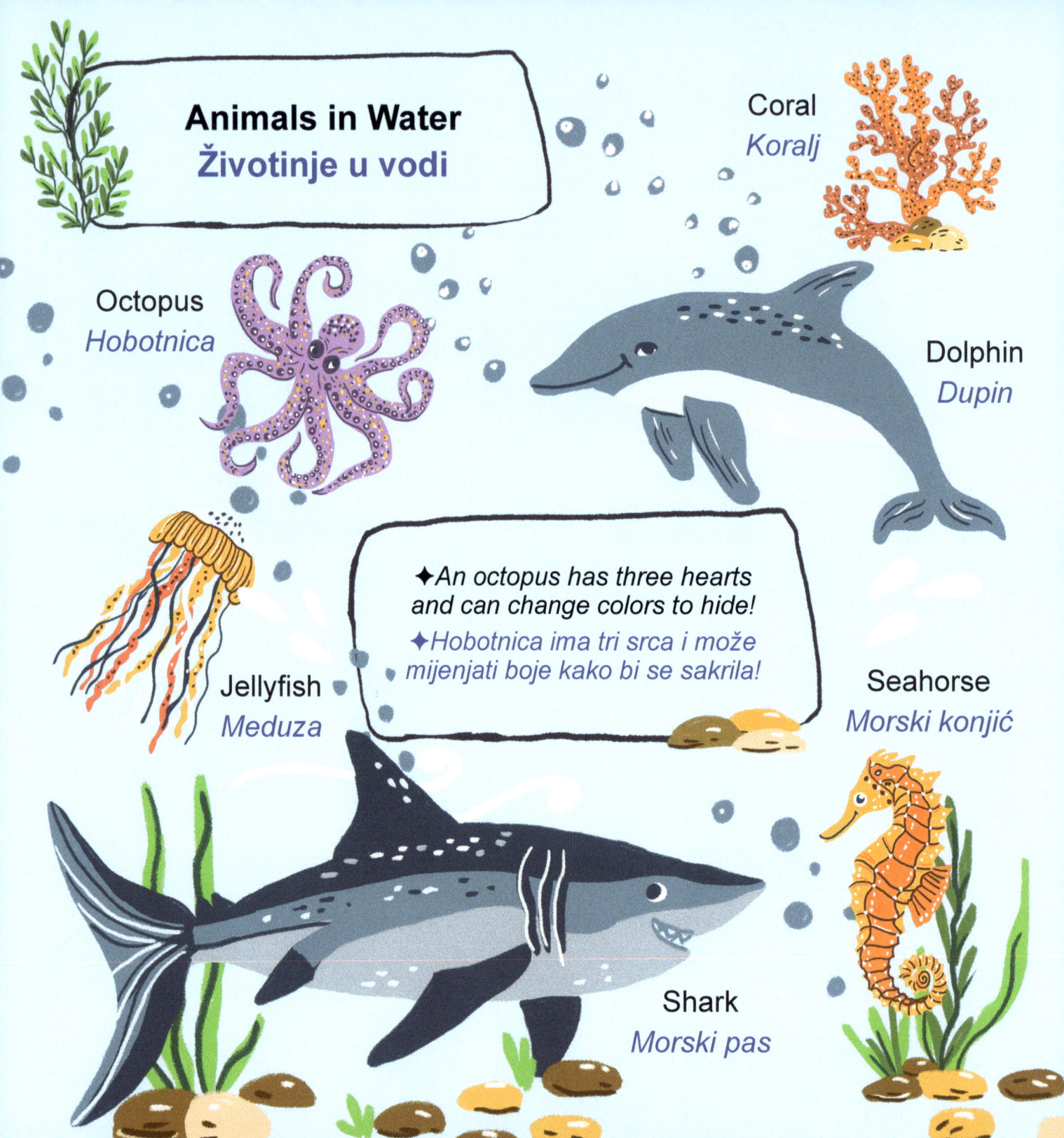

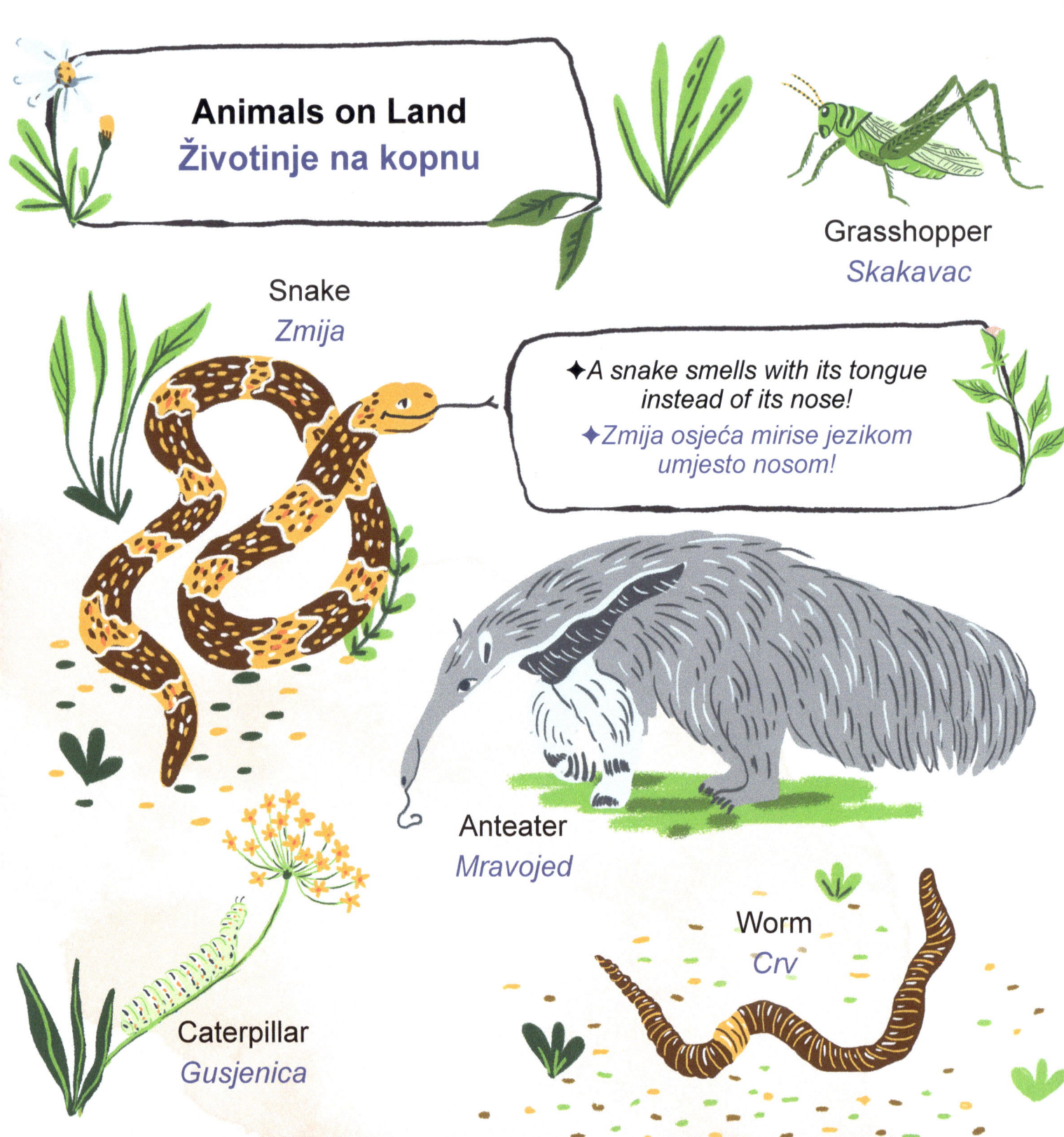

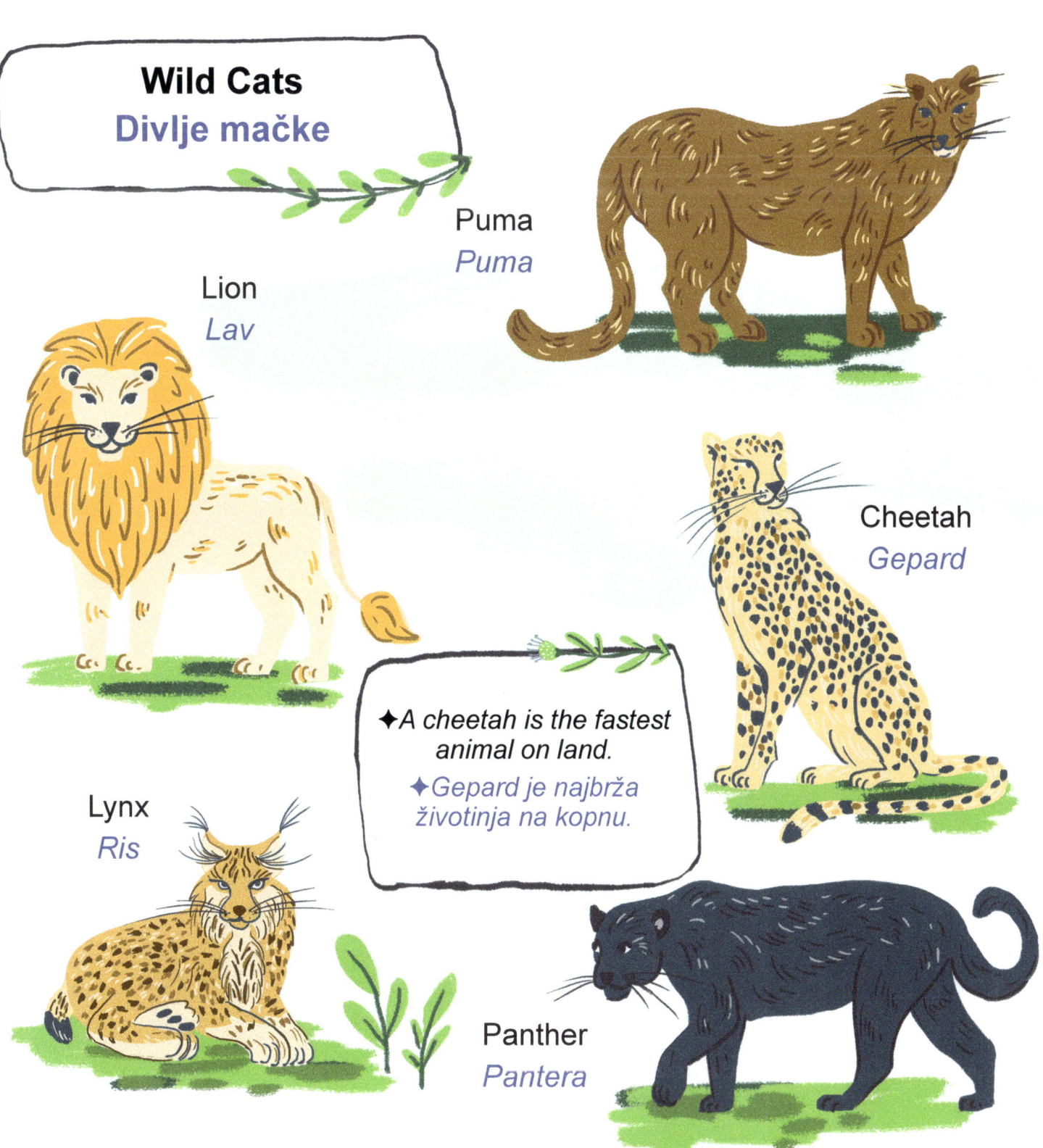

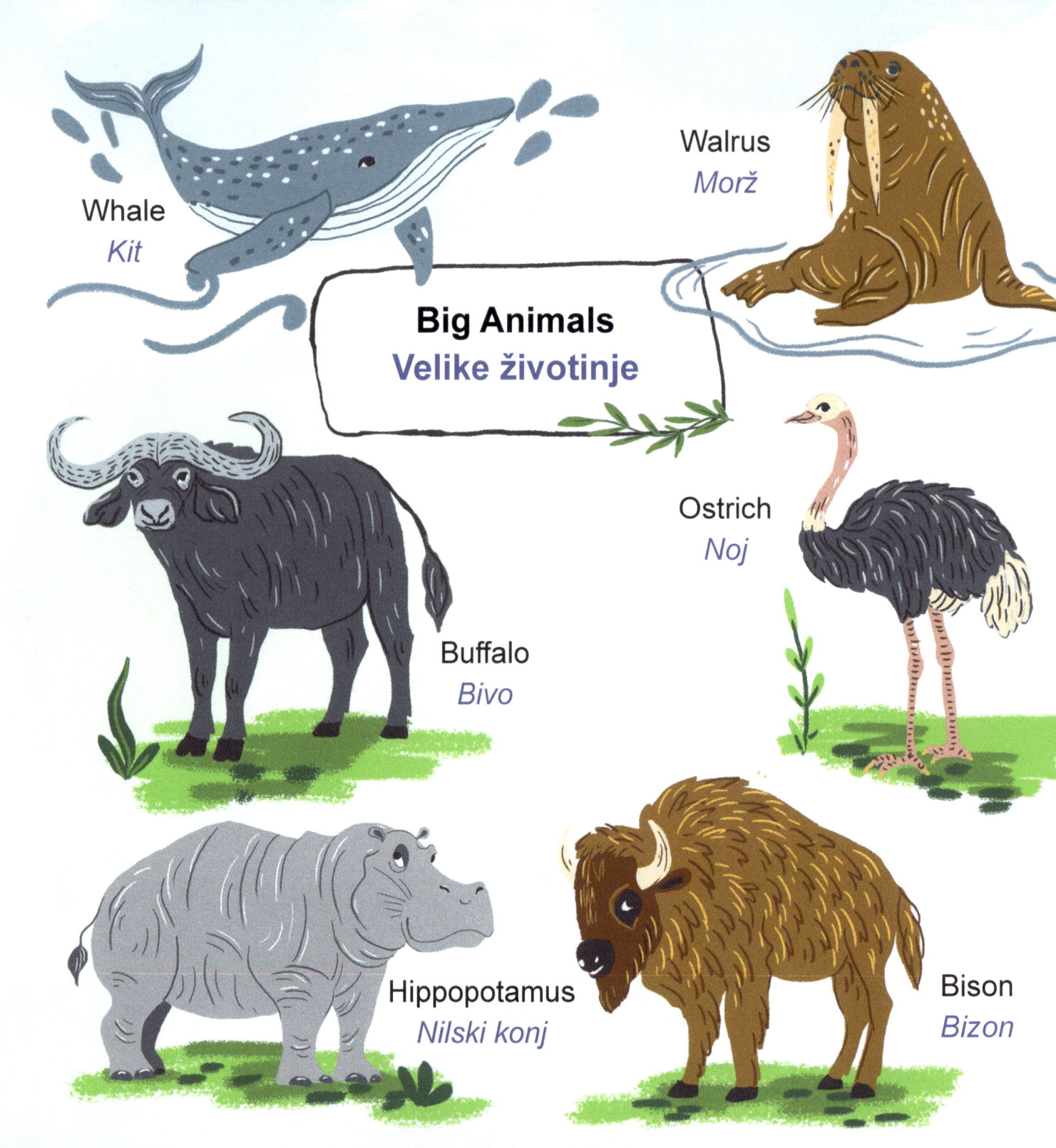

Small Animals
Male životinje

Chameleon
Kameleon

Spider
Pauk

✦ An ostrich is the biggest bird, but it cannot fly!
  ✦ *Noj je najveća ptica, ali ne može letjeti!*

Bee
Pčela

✦ A snail carries its home on its back and moves very slowly.
  ✦ *Puž nosi svoju kućicu na leđima i kreće se vrlo sporo.*

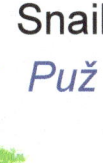

Snail
Puž

Mouse
Miš

Quiet Animals
Tihe životinje

Turtle
Kornjača

Ladybug
Bubamara

✦ A turtle can live both on land and in water.
✦ *Kornjača može živjeti i na kopnu i u vodi.*

Fish
Riba

Lizard
Gušter

Owl
Sova

Bat
Šišmiš

✦ An owl hunts at night and uses its hearing to find food!
✦ *Sova lovi noću i koristi sluh da pronađe hranu!*

✦ A firefly glows at night to find other fireflies.
✦ *Krijesnica svijetli noću kako bi pronašla druge krijesnice.*

Raccoon
Rakun

Tarantula
Tarantula

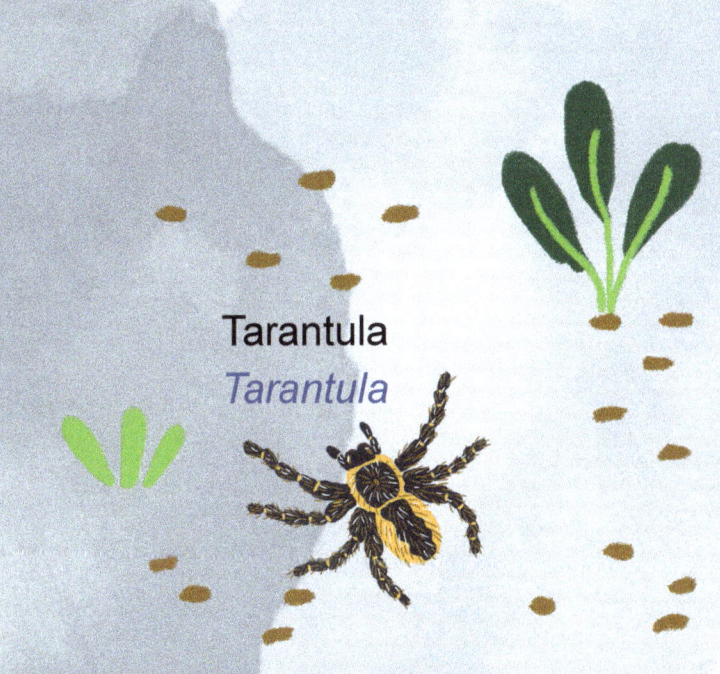

Colorful Animals
Šarene životinje

A flamingo is pink
Flamingo je ružičast

An owl is brown
Sova je smeđa

A swan is white
Labud je bijel

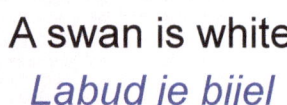

An octopus is purple
Hobotnica je ljubičasta

A frog is green
Žaba je zelena

✦ A frog is green, so it can hide among the leaves.
✦ *Žaba je zelena, pa se može sakriti među lišćem.*

Animals and Their Babies
Životinje i njihovi mladunci

Cow and Calf
Krava i tele

Cat and Kitten
Mačka i mačić

✦ A chick talks to its mother even before it hatches.
✦ *Pilić "priča" sa svojom majkom čak i prije nego što se izlegne.*

Chicken and Chick
Kokoš i pilić

Dog and Puppy
Pas i štene

Butterfly and Caterpillar
Leptir i gusjenica

Sheep and Lamb
Ovca i janje

Horse and Foal
Konj i ždrijebe

Pig and Piglet
Svinja i prase

Goat and Kid
Koza i jare

www.ingramcontent.com/pod-product-compliance
Lightning Source LLC
LaVergne TN
LVHW072055060526
838200LV00061B/4746